www.ingramcontent.com/pod-product-compliance
Lightning Source LLC
LaVergne TN
LVHW081553060526
838201LV00054B/1887